CAROLYNA BORGES

VAMOS FUGIR?

LETRAMENTO

CHANGO

Copyright © 2024 by Editora Letramento
Copyright © 2024 by Carolyna Borges

Diretor Editorial Gustavo Abreu
Diretor Administrativo Júnior Gaudereto
Diretor Financeiro Cláudio Macedo
Logística Lucas Abreu
Comunicação e Marketing Carol Pires
Assistente Editorial Matteos Moreno e Maria Eduarda Paixão
Assistente de Edição Ana Isabel Vaz
Designer Editorial Gustavo Zeferino e Luís Otávio Ferreira
Ilustração da capa Ananda

Todos os direitos reservados. Não é permitida a reprodução desta obra sem aprovação do Grupo Editorial Letramento.

Dados Internacionais de Catalogação na Publicação (CIP)
Bibliotecária Juliana da Silva Mauro – CRB6/3684

B732v	Borges, Carolyna
	Vamos fugir? / Carolyna Borges. - Belo Horizonte : Letramento, 2024.
	128 p. ; 21 cm.
	ISBN 978-65-5932-551-1
	1. Poesia. 2. Autorreflexão. 3. Luto. 4.Cura. I. Título.
	CDU: 82-1(81)
	CDD: 869.91

Índices para catálogo sistemático:
1. Literatura brasileira - Poesia 82-1(81)
2. Literatura brasileira - Poesia 869.91

LETRAMENTO EDITORA E LIVRARIA
CAIXA POSTAL 3242 / CEP 30.130-972
av. Antônio Abrahão Caram / n. 430
sl. 301 / b. São José CEP: 30275-000
BH-MG / TEL. 31 3327-5771

Dedicado à minha mãe,
Fernanda de Souza Ramos.

17 NOVA

25 CRESCENTE

33 CHEIA

51 MINGUANTE

67 ECLIPSE

81 NASCER DO SOL

89 7

*Estas páginas carregam
vulnerabilidade exacerbada.*

Oi, isso não é um poema.
É uma carta (que eu ainda não decidi
se é para mim ou para você),
então finge que tá em papel daqueles
queimadinhos nas laterais.

Por muito tempo eu me privei de
sentir, de experienciar, de viver a
minha vida realmente, não sei se por
não me sentir pronta ou por medo de
não conseguir… ou, principalmente,
de ver que o medo que eu tinha
de crescer tinha um motivo.
Então de medo em medo eu estagnei, e
acreditei que por um momento minha
vida não tinha problemas, que eu não
precisava me preocupar com nada.
Acreditava que se eu ficasse escondida
ninguém iria me perceber ali, e quem
sabe assim conseguisse realmente não
ter que assumir a responsabilidade
de ser quem eu era, até porque
sempre tive uma pessoa ali em pé para
ocupar o meu papel na vida (ou pelo
menos eu queria acreditar nisso).

Até que o momento chegou, o momento
que eu tanto adiava: a parte de mim
que tanto gritava por ser vista
ganhou força e a própria vida me
jogou no meio de um campo onde eu
precisei decidir o caminho que
iria seguir, e isso me apavorou.

É muito estranho pensar que as
pessoas me enxergam, me escutam
e, principalmente, gostam disso
que eu aprendi a chamar de eu.
Em toda sessão de terapia que fazia
me queixava sobre o meu medo de
viver, até que eu percebi que na
verdade eu tenho medo de sentir dor.
Desde pequena associava de alguma
forma crescimento com sofrimento,
uma vez que para crescer fisicamente
eu tinha dores na perna e sempre
era diagnosticada com "dor de
crescimento". Talvez o diagnóstico
não tenha sido apenas físico.

Desde então, minha única fuga tem
sido a escrita. As minhas palavras
me levam para um lugar criado e
idealizado em que eu sempre quis
estar. Sinto que essas formas com que
falo muitas vezes me limitam e me
fazem crer que os meus sentimentos
não são tão grandes quanto sinto,
uma vez que eles conseguem caber
perfeitamente em rimas bem colocadas
e falas decoradas de algum livro ou
música com a qual esbarrei no caminho.

Me relacionei, não só com pessoas,
mas comigo também. Acho que a pior
sensação que existe é quando tu é
falsa consigo e pior ainda quando tem
consciência disso. Você sabe que o seu
abraço, o seu acolhimento, as suas

palavras de compaixão são falsas e só
as fala para tentar sentir algo que
idealizou de uma forma saudável mas
que não é real, e no fim até o seu
amor próprio não passa de mais uma
ilusão tua que você criou para tentar
doer menos. A sensação de não ter nem
você mesma para contar no final do dia
é a maior sensação de vazio que pode
existir, parece que nem dentro desse
corpo você mora. O instante em que
não enxergamos o nosso corpo e a nossa
mente como o nosso lar é o momento em
que perdemos o contato com a gente,
em que estamos totalmente vulneráveis
para fazer um outro alguém de morada,
é o momento em que nos abandonamos de
tal forma que a carência se torna a
base de todas as nossas escolhas, é
quando mais nos colocamos em risco.

Uma vez me disseram que todas as vezes
que escolhemos amar alguém uma parte
de nós se perde e por isso, antes de
deixar o sentimento entrar, temos que
pensar se vale a pena perder essa
parte de nós por alguém que não nos
merece. O que eu aprendi perdendo essa
parte é que muitas pessoas não estão
preparadas para nos receber, não da
maneira que a gente espera, assim como
podemos não estar preparados também.
Mas foi me perdendo que fui me achando
e encontrando outras partes de mim
que eu precisava conhecer para não

me colocar na mão de pessoas que não
saibam me tocar, e principalmente,
aprender que eu posso não querer
estar sozinha, mas não temer isso.

A questão é que todas as vezes que
nos afastamos de um problema sempre
achamos que vamos conseguir lidar com
ele, mas o que não percebemos é que não
precisamos lidar com problemas que não
são nossos, e que perdoar não significa
aceitar passar por aquilo de novo.
Temos que aprender a encerrar ciclos,
por mais dolorosos que sejam. Encerrar
um ciclo dói, mas a dor é muito maior
se continuar onde te fere. Não é porque
você está acostumada com aquela dor
que você precise aguentá-la, às vezes
só precisamos redirecionar o nosso
sentimento para um outro lugar para nos
lembrarmos do que realmente merecemos.

PAUSA

Lendo isso percebi o quanto está
clichê, mas achei fofo eu pensar
isso com 17 anos… continuando.

Aos 17 anos descobri que não sabia
existir em mim, eu percebi que aprendi
a viver para os outros, ou seja, eu
terceirizava minhas dores, minhas
escolhas, minhas vontades, e isso fez
com que eu começasse a duvidar não só

do que gostava ou não, mas de quem eu
era e de todos os meus talentos que
para mim não passavam de uma farsa
tão bem criada que até eu fingia
que me enganava. A verdade é que eu
criei papéis e para cada pessoa que
entrava na minha vida eu assumia um.

Aos 19 anos descobri que sentimos
o luto durante a vida inteira. O
meu primeiro luto foi entender que
eu tinha crescido e que as minhas
escolhas, falas e ações iriam
moldar a minha vida, e, embora
eu entenda que a nossa criança
interior nunca deve morrer, a nossa
inocência e felicidade de saber
que não precisamos nos preocupar
com aluguel eu nunca mais teria.

De todos os papéis que temos na vida,
o que eu mais amava assumir era o de
filha, e foi triste quando este lugar
me foi tirado. Não digo que perdi a
minha mãe, pois acredito que ganhei a
maior honra que poderia ter, que é a
de tê-la por 20 anos e poder ter sido
educada, ensinada e inspirada por ela.
Mas seguir a vida sem a única
pessoa que me conhecia, que me
ouvia e me acolhia com toda a alma
foi apavorante (e ainda é).
Nunca estive tão perto da dor. E sinto
que, de todos os sentimentos que
poderia sentir, o que morava em meu

peito era o medo por não sentir mais
medo de nada, uma vez que eu já estava
passando pelo maior dentre eles.

A morte me mostrou que eu consigo
andar com as mesmas pernas que tanto
doem, até porque crescer é o um dos
únicos movimentos que fazemos até o
final da vida, é uma das únicas coisas
que o nosso arbítrio não pode impedir.

Sinto-me arrogante muitas vezes
em dizer todas essas palavras com
a consciência da minha pequenez e
ingenuidade, uma vez que sou jovem
de idade. Mas com quantos anos
começamos a sentir? Então por isso
continuo com a ousadia de dizer o que
sinto, porque sei que eu não sei o
que saberei amanhã mas eu sei o que
sei hoje e isso me basta. Até porque
sou grata pela inconsciência de hoje
que me fará despertar amanhã, e como
seria capaz de julgar a ignorância
que tanto protege a minha sede de
continuar vivendo? As minhas dores,
medos, amores, paixões e anseios
fazem parte de mim e com graça tive
a honra de ter percepções nuas
(ou quase) sobre algumas delas.

P.S.: escrevo isso com consciência
de que irei me contradizer e me
perder várias outras vezes.

NOV△

hiraeth - saudade de um
lugar que não existe

CAROLYNA BORGES

VAMOS FUGIR?

nossos passos possuem intenção,
a intenção de onde queremos chegar
e do que deixamos para trás,
assim como o motivo de querermos abandonar
aquele espaço ou pessoa.
nossos passos determinam o caminho que
queremos seguir,
independente se temos consciência ou não deles.
os teus pés me confundem
por nunca saber por que eles te mantêm
distantes de mim
e o porquê de você sempre voltar,
os meus pés ainda esperam por ti na mesma
calçada que me deixou.
o que lhe falta para você manter os teus passos ao
lado dos meus?

eu te escrevo para diminuir a distância que existe entre nós,
a distância que você criou
e que a minha carência ocupou na espera de um talvez,
acredito que esse seja o problema,
você me cercou de incertezas
e eu sempre procurei algo concreto,
certezas que eu sequer poderia ter te dado.
o problema sempre foi a minha imaginação
que criou outro alguém e não você.

eu me odeio por sentir sua falta,
me odeio mais ainda por esperar que um
dia você volte,
me odeio por me sentir insuficiente
para você ficar,
mesmo sabendo que quem não é suficiente
para mim é você.
me odeio por te procurar nas pessoas
e esperar que elas façam o que na verdade era
o teu dever.
me odeio mais ainda por ter consciência que eu
não preciso de ti
mas mesmo assim querer,
e é um querer tão teimoso que nunca
para de pulsar,
e a cada pulso me machuca mais.
é, talvez eu ainda tenha dentro de mim a
criança teimosa
que você deixou para o mundo criar.

eu nem choro mais quando sinto tua falta, sabia?
nem fico pensando mais como eu me sentia
segura quando te abraçava,
não espero mais tuas mensagens,
assim como não te espero mais na calçada nos
meus aniversários.
mas mesmo acostumada com a tua ausência
eu ainda tenho medo de te soltar quando abraço
porque eu sei que pode ser sempre a última vez,
então enquanto você não volta
eu me conforto no teu reflexo no espelho.

aqui está frio agora,
você entrou sem bater,
acendeu todas as luzes,
me fez um café,
mesmo eu não gostando de café,
me fez juras de mentira
e se foi,
sem nem fechar as portas.
a casa está acesa
mas vazia,
e agora está frio aqui.

se não tens nada a me dizer
não se cale!
leia, minta, diga algo que alguém já disse
eu não me importo e irei te julgar independente
do que disser.
eu estou em uma busca incessante por sentir
e é nessas palavras que eu crio o meu imaginário,
então não se cale,
eu quero ouvir as palavras que mais
me machuquem
porque acredite
eu encontro uma forma delas me atingirem.
palavras são como tiro de raspão,
a adrenalina de cada palavra me faz sentir viva,
por isso ainda escrevo,
escrevo para sentir algo novo,
algo que me machuque,
escrevo quase como uma pulsão de morte
uma vez que todas as minhas escritas me
fazem renascer.
eu sou viciada em me achar em palavras
e me amedronto em pensar que um dia poderei
não sentir nada de novo.

tu renega a tua própria verdade
que dirá teus sentimentos,
teus pecados não são maiores que você
mas o teu desejo de fazê-los, sim.
acredito que recebemos dois sopros de vida
um ao nascer
e outro quando decidimos parar de fugir
daquilo que somos.

CRESCENTE

as pessoas se esforçam para se
segurar na beira dos buracos
em que elas escolheram entrar.

CAROLYNA BORGES

VAMOS FUGIR?

me perdoa
eu ainda não sei lidar com essa angústia de sentir
e isso me apavora,
saber que eu tenho caminhos
e que mesmo tendo consciência
eu prefiro me arriscar no mais perigoso,
não entendo o motivo por não conseguir
controlar essa minha vontade de querer te ter
por isso, escolho um caminho que sei que
irá me ferir
tiro de ti a responsabilidade de ser
maldosa comigo
e assumo este posto.
eu queria conseguir não te querer,
gostaria de ouvir o que todos me
aconselham a fazer,
mas enquanto isso não acontece
me arrisco no seu amor enganoso,
então me serve uma dose de mentira
para eu me aconchegar na minha própria ilusão.

eu te procuro ainda,
procuro nos cheiros,
nas palavras,
nas pessoas,
e por um momento meu corpo começa a sentir
a tua falta,
sinto que quanto mais eu me toco,
quanto mais eu sinto o meu cheiro,
mais próxima eu estou de te encontrar,
como se fosse algo que corro atrás incessantemente
mas quando chego perto vira poeira.
talvez seja assim que você foi na minha vida,
alguém intocável,
que me fez perceber que essa pessoa que eu
tanto sinto falta
e tanto procuro
sou eu.

talvez eu ainda sinta sua falta,
e talvez eu me julgue por ainda querer te ter
mesmo minha parte consciente sabendo que
eu não posso
e que eu não preciso,
e talvez eu ainda escreva tanto sobre você
só para conseguir me sentir mais próxima da
ilusão que eu criei
e que eu tanto me apaixonei,
e talvez ainda escreva sobre como eu te esqueci
só para me lembrar que eu também minto para
mim assim como você,
e talvez eu realmente queira te esquecer
mas não quero esquecer do sentimento que tu
me fez sentir,
e talvez quando te vir de novo
eu realmente consiga enxergar que só
projetei em você
coisas que na verdade são minhas
e que você não tinha responsabilidade de aceitar,
e talvez ainda assim procure sobre você
para lembrar que aquelas mesmas coisas que
tu escreve para uma outra pessoa um dia
eram sobre mim,
e talvez eu tenha gostado tanto do carnal
porque era assim que me sentia perto de ti,
sem disfarces ou projeções,
talvez nós fôssemos a farsa uma da outra,
nos escondíamos na nossa própria fantasia.
e, mesmo assim, amei não te conhecer.

dizem que não podemos amar ninguém se não
nos amarmos,
eu não sei se te amei mas
o que eu sentia foi o mais próximo de amor
que conheço,
e isso é que mais me dói,
saber que não foi por falta de sentir
ou por falta de tentar,
foi por saber que quanto mais tu ficava em mim
mais eu ia embora,
e a parte ruim de quando você vai embora
é que eu me perco tanto que já não me
encontro mais,
eu te dei tanto do que sou que agora tudo em
mim lembra você,
eu me entreguei tanto que até o meu toque se
fundiu com o teu
e é triste perceber que, mesmo me decifrando
nessas linhas,
você não me entenderia.

eu quis tanto fugir de mim
que por um momento deixei você me apagar,
como se eu já não me suportasse mais, me entreguei para você,
como se tu fosse um respiro do meu eu que tanto me sufocava,
me enganei em acreditar que alguém conseguiria substituir o meu papel na vida
era como se eu estivesse tão cansada de tentar me entender
que apenas me abri para tu me decifrar e tentar me explicar.
tola em achar que alguém além de mim conseguiria fazer isso,
você foi o meu delírio mais perigoso que me fez chegar até mim.

impossível sair ilesa de você,
mas eu apaguei
apaguei teu toque da minha alma,
teu cheiro de mim
e as tuas palavras sobre como era difícil lidar
comigo da minha mente.
mas apagar você da minha história é impossível,
ainda preciso ter o teu nome na minha boca
para me lembrar de quão cruel eu fui comigo por
te permitir me invadir.

o que mais me machuca é saber que
não é verdade,
é saber que só quem sentiu fui eu,
e por um lado eu me culpo por isso
porque eu sempre tive consciência de
quem você era
e mesmo assim eu me joguei,
como se uma parte de mim quisesse que eu
me machucasse.
antes de você me ferir eu fiz isso primeiro,
quando eu escolhi não me escolher.
acho que nós duas fomos infiéis,
afinal eu me traí também.

CHEIA

quase como uma fissura incontrolável
de apenas estar apaixonada por algo
e não por mim.

CAROLYNA BORGES

VAMOS FUGIR?

aí a verdade é que eu tentei
e eu tentei muito,
juro!
eu até tentei fechar os olhos para não te ver,
fiz um lalala quando você falou,
mas eu não consegui
não resistie seria até um desperdício
de metamorfose
que de tanto tempo esperando
conseguiu bater asas aqui dentro.

aí é que eu sou de lua amor,
ora apareço para ti
ora para mim,
é que eu sou de lua amor,
ora estou aqui
ora estou perdida,
é que eu sou de lua amor,ora estou cheia
ora vazia,
é que eu gosto de ser da lua
(mas eu torço para ser tua um dia)

nem sempre eu escrevo o que sinto,
muito menos sinto o que penso,
e quase nunca sinto o que te falo,
até porque o que digo não é um terço do que
sinto quando te vejo
e do que eu penso enquanto te olho.
mas prometo falar o que sinto por ti para a lua
para quem sabe ela te dar o recado.

eu tenho medo,
medo de fazer tudo errado,
de falar tudo errado,
de entender tudo errado,
de ser toda errada,
porque você parece tão certa para mim
que eu me questiono se eu sou tão certa para você assim
e com certeza eu vou falar algo errado
em um momento mais errado ainda só para tentar te provar
que eu até que valho a pena.

me pede para ser tua, amor
só para eu poder voltar,
me pede para ser tua
só para eu poder negar,
é que é tão difícil de sair de você
que eu prefiro ficar aqui quietinha
para tu não me perceber.
o que eu sinto é tão grande para não te mostrar,
e o pecado em mim é tão forte para
não te enganar,
ai que medo de tu me enxergar.

enquanto eu não consigo me apaixonar por mim
sigo lhe dando essa paixão,
quase como uma fissura incontrolável de apenas
estar apaixonada por algo
e não por mim,
e te peço perdão
pelo meu ego querer ser observado pelas
tuas pupilas
e não pelas minhas,
seria doloroso demais ver que só eu enxergo o
meu próprio vazio.

é que mesmo eu sendo de lua,
eu espero os verões para passar ao teu lado
porque eu sei que os dias mais quentes
são contigo.
é que mesmo eu sendo de lua,
eu sei que quando a noite cai
são as tuas luas que me queimam.
é que mesmo eu sendo de lua
é tua que sou quando me toca a luz
mas,
ao último pôr do sol do verão,
eu parto,
só para poder voltar para ti um dia.

eu sou a minha mais bela mentira,
a minha melhor invenção,
juro!
acho que nunca ousaria criar algo tão incrível.
eu me dediquei a vida inteira,
afinal, eu sempre sonhei em construir algo que todos admirassem.
eu criei os meus gostos, minhas manias,
meus amores,
decorei minhas falas e ensaiei no quarto mais escondido da minha alma.
como ousas querer destruir a minha criação com um simples olhar?
se eu menti até aqui, por que acreditaria na tua falsa verdade?
eu não acredito nas suas falas copiadas de textos que eu escrevi
e você nem sequer entendeu.

será que você me quer
ou quer uma história boa para contar?
eu sempre gostei de histórias, sério,
nunca iria te julgar.
mas não sei se quero contá-la com você,
eu te contei a minha e tu nem pareceu perceber
que no fundo já era sobre eu e você.
talvez pareceu não acreditar,
e eu jamais ousaria te julgar,
até porque coisas contadas podem ser inventadas,
o que faz com que tenham muito mais emoção.
o problema é que eu não sei se eu inventei
só a história.

– eu te inventei também.

você sente medo da minha confusão,
mas pânico do seu caos.
tua mente é um mar que te afoga aos poucos
enquanto tenta procurar tudo isso que diz sentir.
em busca de um paraíso inexistente,
se fez presente nos meus infernos
e quis largar a minha mão no céu.
você sente raiva por eu ter te amado quando nem
você se amou.

uma vez ouvi dizer que
quanto mais falamos sobre algo, mais
se torna real,
acho que por isso aboli teu nome das
minhas falas,
os meus sentimentos das minhas palavras,
as minhas juras das nossas conversas,
talvez assim você não se torne real
e não passe de mais um amor inventado que eu
criei para não sair machucada
pois é apenas uma ideia que existiu sem
pretensão de acontecer
(e foi muito mais doce assim)

me rasgue e me despedace,
me faça sentir intensamente,
para eu conseguir ver como é acreditar em algo.
me mostre o que eu quero sentir,
fale o que eu quero ouvir,
para quem sabe assim eu consiga
acreditar em algo,
mas não em mim.

me arranhe,
me desperte desse sonho.
me leve à minha loucura mais sã
e esprema o meu veneno até a última gota.
eu não sou tua, mas me toque como se eu fosse,
que eu prometo te amar
como se soubesse o que é amor.

eu nunca fui boa com partidas,
é como se eu sempre me prendesse enquanto tento me soltar,
como um vício em me perder toda vez que tento me achar.
ser ruim com partidas não significa que não irei te esquecer.
mas nunca ousaria em fechar totalmente a porta,
vai que eu decido partir também.

se proibir é despertar o desejo,
então te proíbo de me amar,
te proíbo de me tocar
e mais ainda de me ter,
você está definitivamente proibida
de me entender
e nem ouse a não me esquecer.
eu não te quero por perto
mesmo nunca conseguindo ir.

eu não vou te segurar,
eu não quero te ter,
muito menos ser sua.
eu cansei de me contradizer,
ao tentar pregar uma liberdade que, no fundo, eu nem sei se quero ter
porque me prendo em ideias,
medos,
pessoas.
viciada em querer me achar de olhos fechados,
em querer me ter de braços cruzados,
em querer me ouvir com falas de outros,
em querer me sentir sem que me toquem,
vivendo de atropelamentos que eu me causo
assim como me causaram.

eu pensei em te ligar
mas você não atenderia,
eu pensei em te falar
mas você não me escutaria,
é que eu tenho tanto medo de partidas
que eu acabo sendo de idas.
você sabe que eu sempre fui ruim com juras
porque eu sempre prometo ficar em
minha partida.
é que todas as idas deixam rastros:
você se foi
e eu vi a tua maldade.
no final não somos tão diferentes.

MINGUANTE

obrigada por me deixar ir
porque eu não teria ido embora.

CAROLYNA BORGES

VAMOS FUGIR?

me dê um olhar de afeto e eu digo que fico,
me dê um olhar de afeto e eu juro que amo.
eu sou um clone
de falas que me disseram,
de olhares que já me deram,
de sentimentos que dizem que sentem.
eu me dramatizo para sentir,
imagina ver tudo como de fato é?
seria um vazio sem fim.
mas me dê um olhar de afeto e eu juro que entro
no teu falso sentir.

te escrevo essas palavras com receio de não serem
interpretadas como eu gostaria
assim como me faço para ti com esse
mesmo receio
não te comparo a outrem, uma vez que só a ti
quero pertencerte dou a liberdade de tocar o meu
lugar mais úmido
na esperança de você não temer ao meu eu
mais profundo
que está prestes a pular em um buraco sem nome
já que todas as palavras perdem o sentido
quando são direcionadas a você.

eu sinto raiva por você,
eu sinto raiva pelo teu medo
e por todas as coisas que você me fez acreditar
que ele já teria ido embora,
eu sinto raiva pelas tuas mãos ainda
estarem em mim,
e sinto mais por ainda querer senti-las.
você não me tocou apenas com o corpo,
eu te senti de todas as formas.
eu sinto raiva por ainda querer estar em um lugar
que não pertence a mim.

nós somos bons silenciadores.
nos calamos quando sentimos,
quando pensamos,
quando agimos,
somos bons em fingir que nada nos aflige,
e melhores ainda em silenciar o nosso
próprio caos.

em um de nossos encontros
você me falou sobre a tua dificuldade
de confiança,
mas eu nunca entendi se era nos outros ou
em você mesmo.
em um de nossos encontros
eu te falei que a minha dificuldade era
confiar demais.
a física sempre nos garantiu que os opostos
irão se atrair,
mas nunca nos deram certeza de que formaria
algo concreto,
ou mesmo que seria uma boa experiência.
em um de nossos encontros te falei da minha
mania de cazuza em amar exageradamente.
eu sei que você gosta de mim,
mas sei também que não queria gostar
e isso basta.

eu construo os meus personagens antes de ter a
tua imagem refletida em minhas pupilas,
eu decoro as minhas falas,
ensaio as minhas ações,
a minha mais bem feita peça realizada
na esperança de você me enxergar como
alguém suficiente,
alguém que consiga projetar todas as suas
idealizações,
eu aceito ser o teu produto de desejo
enquanto você não aguenta o gosto amargo
do meu despir.

não sei até quando irei escrever para ti,
por isso digo em um sussurro quase silencioso
para os teus ouvidos
que amo a tua risada
e o jeito que encara a minha sombra,
a forma como me alerta sobre a beleza da lua,
e como seu colo se abre para me receber
na madrugada.
te digo em uma fala programada todas as minhas
falhas romantizadas na espera de não te assustar,
em um sussurro gritante tudo que sempre pensei
ao encarar teus olhos,
em uma única palavra conseguiria te apresentar
tudo que sinto ao te ouvir.
digo isso em sussurro porque seria infidelidade
aos outros sentimentos que se abrigam no meu
peito e me causam angústias.
e a propósito, a lua não me apareceu hoje.

eu procuro palavras em cartas, pedras, deuses, livros, videntes
qualquer palavra que me faça sentir que é real,
e se mesmo assim eu não encontrar as respostas que eu desejo
eu mesma as escrevo.
eu me faço sentir tudo que projetei em você,
por hora me vejo criando situações para me distraírem de mim,
para me tirarem desse entediante vácuo
que você insiste em me colocar.

a sua fuga quando te pergunto sobre o que
pensa ou sente
me confunde se você sofre com a ausência
das respostas
ou por temê-las.
eu sempre procurei respostas,
não entendê-las, mas possuí-las.
em uma de nossas conversas você não me
respondeu em palavras sobre o que sentia de
fato por mim,
e temo por não saber se o olhar
palpável que me dera
não tenha passado de um equívoco meu.
acho que também tenho medo de respostas,
por isso me acolhi nesse vazio olhar preenchedor
de silêncios
no qual jamais ousaria em intervir.

nunca senti falta dos teus lábios,
em um olhar te dei mil beijos.
não beijei a tua boca,
beijei a tua alma,
não por prazer,
mas sim pelo que você é.
beijei quem você me mostrou ser
aceitando as suas partes ainda veladas,
e mesmo assim você não me enxergou.

eu não sei andar de bicicleta,
mas eu atravessaria a cidade
só para te ouvir falar.
é que eu gosto de gostar de você,
mas não deveria,
enquanto eu atravessava meus medos,
você construía os teus muros.

no anoitecer você abriu o teu colo para mim,
e eu fui ingênua em ver isso como uma entrada
direta ao teu coração.
o silêncio que fazia no teu peito eu
enxerguei como paz.
e foi triste enxergar que na verdade
era o som do vazio.
estamos em tempos diferentes,
mesmo que tenhamos nascido em épocas iguais,
você não sabe onde está no tempo
e eu não entendo onde o tempo está em mim.
mais tarde descobri
quem sente faz barulho,
a vida possui barulho,
eu gritei ao nascer
e o teu silêncio me mata.

se eu te ligasse aquela noite,
te diria o tanto que sinto pelo sentimento que
me fez sentir.
não por você, mas te ligaria por mim,
para tirar a angústia que carrego por nunca ter te
dito o tanto que sinto,
te cantaria as músicas que dediquei a você
com as palavras que tive medo de dizer,
te diria da raiva que sinto por mim
por não ter te deixado entrar,
te diria do medo que senti de te apresentar
a minha vida,
mesmo sabendo que eu precisaria de uma
vida de mentira
para que você continuasse me amando.

eu me sinto desnuda com a tua presença,
e quando me encara os olhos,
quando me abraça
e me solta como se nunca mais fosse voltar.
eu me entrelaço nos teus nós para te aproximar,
e me faço de cega quando finjo não gostar.
você me tem pura dentro do prazer,
e me arranha como se pudesse me perfurar,
como se tivesse a habilidade de me ver
e não me sentir.

seu tempo em minha fantasia está se esgotando,
sinto que não consigo carregar a angustia de ter
um sentimento em meu peito por muito tempo,
e não poder repousar essa angústia em nossos
momentos distantes me distancia de mim.
preciso sentir algo novo pois a adrenalina já não
me é suficiente.
então resolvo partir para um outro coração,
e espero que esse me abra a porta.

ECLIPSE

ouvir os pássaros cantarem
enquanto os gritos reinam.

CAROLYNA BORGES

VAMOS FUGIR?

você é esperto
– foi a primeira coisa que te disse,
e eu não gosto de pessoas espertas.
você tem cheiro doce que amarra a boca no final,
então não me deixa ir embora,
fica mais um pouco,
me enrola nas palavras mais bregas do dicionário,
porque eu leria ele inteiro para procurar o
significado do que sinto
quando seus olhos atravessam os meus.
me toca com a leveza das suas mãos pesadas
que eu prometo repousar na nossa
tímida intimidade.
só não me descobre tão rápido com a
sua esperteza,
permita que eu me esconda mais um pouco,
meu corpo não aguentaria tamanha verdade,
a minha fantasia se destrói ao teu lado,
tu és o real mais doce que vivi.

se a verdade dói então que
continuemos mentindo
mentindo em nossas juras,
em nossos planos,
em nossos beijos.
minto contigo até a eternidade,
viveremos a vida em um mundo fantástico
e que tudo seja sentido em segredo.
prometo não contar a ninguém que te tenho,
te guardarei em meus diários
e tudo que for dito entre nós ninguém
nunca saberá.
segredos só são guardados com mentiras
porque a verdade é que juntos nada pode doer.

e se nada mais fizer sentido,
coloque a culpa em mim!
coloque a culpa na minha pouca idade,
na minha ingenuidade,
nas minhas palavras ditas em horas erradas,
eu assumo a culpa de tudo
até porque não seria justo
sentir um amor em um mundo em guerra,
ouvir os pássaros cantarem enquanto os
gritos reinam,
não é justo viver um sonho em meio ao
pesadelo da vida,
mas eu amo ser injusta com você
e esse é o nosso segredo.

e que os astros errem,
que o vento esbarre nos búzios,
que as cartas se rasguem,
que a intuição falhe.
eu não preciso de nada que me
confirme o que sinto
quando a tua presença habita a minha,
nada que disserem ao contrário do que eu sinto
irei escutar,
e, se for preciso,
eu permito que você me machuque,
que me despedace,
me mostre o doce do teu estrago.
eu não preciso te falar mais nada,
você já escutou o meu silêncio
e não seria traição aos deuses se eu dissesse
que me permiti sentir,
é legítima defesa a tudo que me foi causado,
por sorte, nenhum vento bateu
e a verdade, pela primeira vez,
não amargou a alma.

você me pede para ser tua
e eu faço questão de obedecer,
é que seu cheiro me lembra a sensação de quando
entramos no mar
na maré da lua nova.
você me encara como se soubesse tudo que sinto
e eu te amo como se todo o meu corpo
te quisesse.
tu és a minha fantasia não inventada
porque mesmo se não me pedisse
eu já seria tua.

eu quero viver ao teu lado direito da cama
por favor não me deixe ir embora
eu quero ouvir todas as suas histórias
até adormecer no seu ombro
eu quero viver ao teu lado direito da cama
prometo colocar gelo no teu suco de maracujá
e mentir sobre todas as minhas verdades já escancaradas
te acompanho em todos os banhos e lavo nosso amor com rosas azuis
eu quero viver ao teu lado direito da cama
uma vez que finalmente consegui entender
por que nunca senti a sensação de estar no lugar certo.
você é o meu lugar certo.

eu acho a paixão brega demais,
prefiro dizer que ouço djavan de um
jeito diferente,
e que quem eu quero ser tem que estar
ao seu lado,
prefiro dizer que caetano tinha razão,
até porque tudo fica mais bonito quando você
está por perto
e que talvez eu nem queira esconder ou deixar
subentendido
a paixão por si só é efêmera demais se não for
acompanhada por um monte de gostar
as cartas de paixão são escritas rápido demais
para não se demorar o olhar,
não se deliciar com a inocência de
confiar em alguém
em um ouvido apaixonado tudo vira melodia
a vida por si só dança com prazer quando ama.

não espero nada de ti
mas te quero com todos os quereres que alguém
apaixonado quer.
não fico à sua vista
mas desejo que demore no meu olhar quando
teus olhos esbarrarem nos meus
não te cobro
mas te cubro com tudo que gostaria de ter um dia
e se não quiser eu entendo,
guardo e te escrevo em palavras para o
sentimento voar,
mesmo que sem destino.

eu gosto de amores à sétima vista,
uma vez que a primeira não me permite sentir o
saber do porquê de estar apaixonada.
a primeira é carregada de mistérios e incertezas,
essas que me causam angústias e muitas vezes
não me faz sentir segura.
então gosto de amores à sétima vista,
onde eu conheço e mesmo
enxergando as sombras
me apaixono pelo detalhe do saber
e mesmo assim
conseguir admirar.

sinto que nunca te beijarei o suficiente,
sempre faltará um pouco mais do seu
cheiro em mim.

é que eu te desejo tanto que não consigo carregar
o sentimento sozinha em meu peito e acabo
derramando no caminho,

para não dizer que é exagero te escrevo
essa poesia,

aproveito e lhe peço que leve as minhas palavras
contigo para onde for.

cômico pensar que sempre as letras prisioneiras
por colocarem sentimentos imensos em
palavras pequenas,

e agora uso delas para suprirem a distância que
nos separa em alguns momentos,

a verdade é que eu gosto das letras,

mas finjo não gostar para dramatizar quem eu
penso que sou

e para quem sabe não admitir que você é a minha
palavra favorita.

eu sinto medo,
medo do sentimento que carrego em meu peito,
medo de derramar demais a minha alegria de ter
te encontrado.
eu sinto medo por te amar tanto.
quero amar a vida do mesmo jeito que te amo,
quero olhar para a vida da mesma maneira
que te olho.
se por um segundo eu fizer isso, tenho
certeza que encontrarei a resposta do porquê
de estar viva.
porque é isso que sinto quando te encaro.
todas as minhas respostas estão em você de
certa forma,
até porque você nunca foi uma dúvida para mim.

te escrevo em papel pois sei que as minhas palavras nunca vão ser apagadas,
serão eternizadas no relevo do papel,
assim como te eternizo em minha existência.
não acredito em para sempres,
não me iludo com a ideia de que as pessoas irão permanecer,
por isso me apego a essas palavras com sentimentos exacerbados como subterfúgio de nunca ser esquecida.
você disse para eu nunca esquecer,
e isso estará eternizado em minha alma.

você me pediu para não esquecer
e faço questão de lembrar que um dia
esse amor foi real,
que um dia
o nosso amor curou,
permaneceu,
concretizou.
por um momento o nosso amor foi maior que o
mundo que cabia em nós.
então sim, hoje te digo que não esquecerei
o nosso amor,
nem os olhos que me dera quando dizia isso sem
precisar de palavras.

NASCER DO SOL

às pessoas que me deram vida.

CAROLYNA BORGES

VAMOS FUGIR?

tuas lágrimas me lavaram,
e hoje te encharco das minhas,
pois quem sabe assim eu consiga te curar
como você me curou.
sou a única vida que saiu de ti
e tenho esse privilégio de te amar como
ninguém nunca amou,
de te ter como ninguém nunca terá,
e de te conhecer sem que precise me
explicar quem és.
a vida me fez enxergar que tem horas que
nada se resta
a não ser esperar e confiar,
por isso te escrevo,
pois é a única maneira que encontro de te salvar
assim como me salvo.
em minhas escritas e em minha alma você
será eterna.
me perdoa por às vezes te amar errado,
ou por não derramar meus sentimentos em teu
colo como fazia antes,
mesmo sabendo que em alguns momentos eu só
me imagino deitando ao teu lado e te pedindo
para fazer carinho em mim
enquanto me olha devagar.
queria que todos os nossos momentos passassem
mais devagar.
eu tenho medo de te perder,
porque eu sei que eu me perderia também.

em uma de nossas conversas te falei sobre como
me sentia sozinha por dentro,
acredito que seja porque só eu vou
sentir essa dor,
só eu te pedi colo
e só a mim foi dado esse amor.
obrigada por ser a melhor companheira
e para sempre a pessoa que eu vou ter como
exemplo do que é ser forte.

se eu pudesse te pedir algo,
te pediria um abraço.
me abraça quando a inquietude tomar a
minha mente,
quando eu ficar tímida
e quando meu corpo não me sustentar mais.
me deixa derramar em você
e promete me segurar,
quando eu não estiver de pé,
quando o medo não couber mais em mim,
me deixa deitar no teu ombro como se estivesse
me apoiando em um pedaço do céu,
me faça sentir que a vida não possui um fim.

você está deitada ao meu lado,
meu peito treme ao te olhar,
observo seus olhos cerrados na esperança de eles
se abrirem para mim.
cada movimento teu me faz respirar aliviada.
nunca te contei dos meus medos,
embora você já saiba de todos.
minhas lágrimas silenciosas enquanto você
dorme ainda molham o meu corpo.
eu quero para sempre estar deitada ao seu lado.

se eu tivesse coragem
te perguntaria se você, em algum momento,
sentiu medo,
se você se assustou com tudo isso entrando
no teu corpo.
tu acha justo isso estar acontecendo contigo?
me pergunto como uma doença consegue abrigar
tantos sentimentos de uma vez,
como conseguiu abalar a minha única e
mais forte base
e como a vida espera que eu consiga
caminhar sem chão,
sabendo que ainda não estou pronta para voar.

em uma das nossas últimas conversas teus
olhos brilhavam
tu dizia que sonhava com a cura
e foi triste saber que escondíamos a verdade que
a cura viria carregada da distância carnal.
honro-te pela história que vivemos assim como te
honrei em vida,
prometo guardar os nossos segredos,
e tatuar em minha alma todas as nossas risadas,
te direi tudo que sinto como sempre falei
te sentirei em todos os ventos.
te deixo ir,
para assim conseguir ser livre de todos os fardos
que carregava em vida,
mas passarei a minha vida ansiando o teu colo.
a verdade é que para sempre
sentirei falta de ser tua filha.

7

acredito que recebemos dois sopros de vida
um ao nascer
e outro quando decidimos parar de
fugir daquilo que nos foi dado.

CAROLYNA BORGES

VAMOS FUGIR?

eu não temo o fim,
eu temo sentir a chegada do fim.
me tire a vida, mas não me tire o gosto dela com a consciência da morte.
não tenho medo de acabar,
tenho medo de sentir que estou acabando.
se for para morrer, que não morra lento.
não anuncie a chegada do final,
apenas acabe logo.
não me faça esperar por algo inevitável,
arranque a casca de uma vez,
não me avise,
me surpreenda,
já que a vida é tão previsível com os seus finais.

eu tenho medo de tudo que sou,
de tudo que fui
e de tudo que posso ser.
anseio por alguma descoberta que me mostre
tudo que finjo sentir.
me faço em palavras que não me representam
e com todas as obviedades
que se fazem necessárias no mundo em que vivo.
me vejo em uma ilha isolada que ainda não
foi descoberta
e que pode ser, a qualquer momento,
engolida pelo mar.
e não me desespero,
dessa forma faria parte do todo e não
apenas de mim.

oi, eu sou exagerada!
exagerada por ter coragem de abraçar
e de ir embora sem nunca mais voltar,
exagerada em falar um milhão de
coisas sem sentido
só para ter mais tempo de ficar,
por escrever poemas e não ter vergonha de ler,
exagerada porque eu canto quando sinto medo,
quando sinto alegria,
e quando tenho receio de talvez você
me esquecer,
mas principalmente
por não caber em mim e me derramar pelo
caminho sem medo de sofrer.
mas continuo exagerada por não medir esforços
para agradar você,
exagerada por sempre guardar dentro de
mim quando dói
e quando tu não consegue me entender.
e mesmo sem saber,
e mesmo sem você querer,
eu cantaria
com a esperança
de tu não me esquecer.

em uma conversa com Deus
eu pedi perdão
eu não sei viver devagar, quero sentir a vida
toda de uma vez
eu disse que a loucura era a única coisa que
iria me salvar
e que todos os loucos mereciam genuíno perdão
pelo simples fato de sentirem e não terem
medo de dizer
e que eu era como todos os outros
viciada em me perder
eu não sei se sou eu que me cobro demais
eu não sei se sou eu que me disfarço de prazer
porque tudo me cobra demais
e às vezes eu nem sei o que dizer
nessa conversa com Deus
eu pedi perdão
por pecados que nem sei se cometi
mas com certeza foram por querer
o problema sempre foi as nossas intenções
e por mesmo rezando sempre acreditar
que vamos sofrer
e eu só percebi que me acho única no mundo dos
loucos que acreditam que também são.

nada me resta, por isso sinto,
no vazio da noite,
onde o silêncio faz morada nas paredes brancas,
eu sinto,
sem dar nome ao que já vem dito,
eu me deito com a dor
e ela me conta meus medos,
eu fujo a algum lugar para intervir
e sempre dou o azar de me perder de vista.
imersa no desejo de me conhecer sem
me enxergar.

eu quero ser fraca,
eu quero não precisar dar conta,
eu quero me derramar, me desmoronar.
eu quero uma pessoa que suporte o peso do meu
coração, o peso da minha alma.
eu quero não precisar esconder a lágrima,
assim com não escondo o sorriso.
eu quero acordar um dia e ser triste, quero ser
acolhida por outros braços ao invés dos meus.
eu quero me deitar e me fundir à cama,
sem medo de pensar ou do que isso irá causar.
eu quero chover com raios,
gritar igual criança quando morde a
própria língua,
eu quero ser ouvida sem implorar,
alguém que me faça rir e não se importe
se eu chorar.

eu digo todas as minhas palavras com a certeza
da contradição de cada uma.
eu digo que amo sem me amar,
digo o que sou sem sentir,
me faço inteira para você
mesmo sabendo que sou de metades,
admiro a verdade
mas não a suporto,
a mentira me conforta
e o pecado em mim habita,
mas o sagrado me ilumina
como se eu fosse inteiramente luz
– uma espécie de carrossel enfeitado com
luzes coloridas
mas com cavalos quebrado
se eu torço para você brincar comigo.
te desejo em todos os cantos,
grito teu nome para todos os santos,
me ama de mentira
que eu não aguento a verdade.
me fala que eu sou linda com os olhos tapados,
brinca comigo na minha fantasia de te ter,
mas depois
não se esqueça de ir embora,
eu não aguentaria a sorte de um amor real.

oi, você queria conversar, né
é que eu nem sei o que eu quero,
não sei o que sinto,
muito menos o que penso.
eu me atropelo e vivo mendigando por algo
que já tenho
mas perdi no caminho e seria esforço demais
parar para procurar em meio às coisas que eu não
quero encontrar.
faz um tempo que eu me esqueci de respirar
e só lembro quando me falta o ar,
mas deve ser pressão baixa,
ou porque tenho deixado meu coração falar,
ele não cala a boca,
e pelo visto eu também não.
mas vamos tomar um café algum dia desses,
não hoje porque não me sinto preparada
para sentar,
bater papo
e eu teria que mentir sobre eu estar bem
e sobre a vida ser bonita,
pensando bem eu nem gosto de café.
mas o dia tá bonito, olha lá.

eu tenho medo,
vergonha,
repúdio,
dó,
pena,
e todos os sentimentos que não cabem
dentro do amor.
e sinto muito em dizer que isso tudo é
direcionando a mim.
eu quero tanto aprender a existir aqui dentro.
me sinto por ora sufocada nessa sombra de alma
que espreme o meu ser
enfio meus dez dedos na garganta
na tentativa de expelir meu ser de mim,
na tentativa frustrada de receber algo diferente do
que realmente sou.
(mas já passou)

me perdoe, amor, mas é que minha alma é cigana
e meu peito clama por liberdade,
e mesmo que eu tenha que ficar presa
dentro desse corpo
que eu tenho a honra de chamar de meu,
e por mais que eu quisesse,
e por mais que eu te amasse,
eu nunca caberia dentro de outra pessoa se
eu não caibo nem dentro de mim,
afinal eu sou muitas para viver a vida toda em
um só coração.

se o silêncio é o grito mais alto que
alguém pode dar,
quanto tempo vou precisar ficar calada para
alguém me escutar?
quanto tempo vou ter que fingir o que não sou
para de fato me descobrir?
quanto tempo vou precisar falar o que muitas
vezes não sinto
só para de fato acreditar que eu sinta algo?
talvez o silêncio seja o grito mais alto que
eu possa dar
porque talvez assim eu me escute.

eu achava que tinha medo de ser vista,
mas na verdade tenho medo de não ser sentida
tenho medo de me mostrar e de não ser
compreendida
tenho medo de ser esquecida.
e que hipocrisia da minha parte ter medo disso
sendo que muitas vezes nem eu mesma
me compreendo,
nem eu mesma me sinto,
e até eu mesma me esqueço.
sinto que precisaria me reconhecer,
me redescobrir,
porque sei que eu não me conheço por completo,
se é que sou completa.
eu só espero que eu não tente me completar com
outra pessoa
e espero mais ainda que eu me dê tempo
mesmo com essa minha ânsia de viver e de sentir.

e pela primeira vez a dor não conseguiu se
expandir em palavras,
o meu perdido não se expandiu na arte,
o meu coração não acelerou dessa vez,
nem o meu olho quis lacrimejar.
retorno ao desespero confortante do vazio.
afinal, é no vazio que permito ao meu interno
se expandir,
e se a destruição é uma criação
aceito a derrota dos meus antigos eus.
e mais uma vez eu morro e renasço
na mesma arte que me levou aos dois extremos.

eu sempre tive medo dessas palavras que insisto
em dizer que sinto,
em que eu tanto tento me limitar,
em uma falsa ilusão criada para me encaixar em
um mundo que também é ilusório.
uma vez que até o tempo é utópico porque
eu teria algum sentido a não ser a minha
existência em si.
e assim como eu me sinto presa
dentro desse corpo
eu me sinto presa nessas mesmas palavras com
que eu prego a liberdade da minha essência.
e sim,
eu tenho medo,
medo das minhas palavras me definirem como
alguém que não quero ser,
medo das minhas ilusões,
medo de quem um dia fui e de quem posso ser.
mas foi através dos meus medos que descobri
onde mora a minha liberdade,
quando percebi que eu não sou alguém completa.
e talvez seja no momento em que eu parei de
procurar o que sou
que não tive medo de quem eu poderia ser
porque essa eu crio,
assim como as muitas de mim que eu
mesma criei.

solidão não é sobre ter muita gente
para não te entender.
solidão é você ter muitas de si,
e mesmo assim se sentir vazia,
porque talvez de tantas criações
você perdeu a criadora.

eu estou cansada,
cansada de batalhar com todas essas pessoas que
eu criei dentro de mim,
cansada de ter que criar ao invés de ser,
cansada de ter tanto medo de mim e de quem
eu mostro ser,
exausta de ser um produto das minhas ilusões
e confesso que até matei alguns sentimentos em
legítima defesa.
a verdade é que eu não sei se quero ajuda ou se
quero atenção
e eu cansei de procurar aprovação em
outro alguém.

– eu não sei existir.

eu não sou vista,
nem por mim, nem por ti.
e não sei se eu me escondo
ou se não me encontrei.
essa deve ser a razão pela qual
quando paro em frente ao espelho
e olho nos meus olhos
me assustonão só com o infinito de eus que habitam em mim,
mas porque, mesmo com tantas que eu consigo ser, nenhuma sou eu realmente.
a verdade é que eu aceitei tantos papéis na vida das pessoas
que não sei mais sair deles.
eu desaprendi a olhar nos meus olhos e me encontrar ali.
tolos papéis de ego
que acreditam que a voz que grita com ânsia por ser vista
quer ser ouvida por outros e não por si,
e é morrendo sufocada por todos esses papéis que eu vomito meu ser.

eu tenho medo,
pavor na verdade,
de pensar que eu sou mais do mesmo,
que isso daqui é pra sempre.
mesmo sabendo que estou em um infinito ciclo
de efemeridade,
digo,
se minha alma é eterna, mas meu corpo não,
onde eu moro aqui dentro?
como me encontrar em algo incerto?
se a minha diferença é a essência
onde eu acho ela?
a verdade é que o meu ego se machuca ao saber
que eu sou um espelho das projeções de outros e
não de dentro,
e não saber o meu endereço é o que me deixa
mais perdida.

eu sou o fracasso.
o fracasso das minhas expectativas,
o fracasso da opinião alheia.
eu sou o fracasso de tudo que tentaram me falar
para seguir e eu não segui.
mas o bom de fracassar é que eu não tenho
medo de perder,
porque eu já perdi essa luta.
eu não quero mais competir,
não consigo competir comigo.
então continuo escolhendo ser o fracasso
do meu medo de não ser alguém,
e o fracasso do teu desejo de não me ver renascer.

é que eu sempre fui boa em esconde-esconde,
sério!
quando era pequena, eu sempre me escondia
no banheiro,
e caso alguém me achasse
falava que estava fora do jogo e só estava
fazendo xixi.
é que eu sempre fui boa em esconde-esconde,
sempre escondi muito bem minhas moedas,
meus doces,
meus fracassos
e minhas dores.
é que eu sempre fui boa em esconde-esconde.
esses dias eu até brinquei sozinha,
bati de porta em porta em todos os banheiros
e não tinha ninguém ali.
é que eu sempre fui boa em esconde-esconde,
até eu me perder de mim.

eu continuo perdendo para mim,
por mais que eu tente me ensinar,
e por mais que eu me explique todas as regras,
eu continuo perdendo.
eu tentei recriar algumas,
e confesso que até tentei roubar em
algumas partidas,
mas eu não consigo,
eu não me deixo ganhar,
eu continuo me perdendo.

eu preferiria ter mil corações partidos,
amores não recíprocos,
e tudo isso que causa dores onde o
culpado não é você.
eu preferia que alguém tivesse me machucado,
doeria menos do que suportar a
responsabilidade de saber
que quem fez isso comigo fui eu mesma.

será que eu realmente quero ser essa pessoa que eu idealizo,

ou eu só comprei uma história que seria legal de contar para os outros?

a verdade é que eu crio várias pessoas que tento acreditar que sou eu,

mas no final sei que não passo de uma criança que insiste em se esconder atrás da tua própria carência

em busca da afirmação de algo que não reconhece em si.

até porque ninguém cresce reforçando sua própria luz

mas é muito mais fácil do que encarar a sua própria sombra.

talvez a minha força esteja atrás daquilo de que eu mais fujo,

daquilo que eu mais temo e

daquilo de que eu mais escondo.

mas cansei de me esconder atrás das muitas que finjo ser.

eu sou tudo isso,

eu sinto tudo isso,

mas eu não sou só isso.

uma vez me questionaram se eu estava
apaixonada por alguém,
que pergunta tola!
como sobreviveria sem minhas paixões,
se são nelas que me descubro a todo momento,
vivo na paixão quase como se me fosse
tirada a visão,
amo a ideia da loucura que é estar
apaixonada por alguém,
como se de galho em galho pulasse na tentativa
de chegar ao topo da árvore, que sou eu.

menina viciada na adrenalina do sentir,
como pulsão de morte
se arrisca a pular de todos os precipícios
contando com a sorte de um paraquedas,
apenas para ver se encontra algum sentimento
novo no caminho,
algum sentimento que não tenha sido
revelado ainda,
menina que quer sentir
mas não aguenta a angústia de permanecer no
mesmo sentimento por muito tempo.

queria dizer coisas que nunca foram ditas,
escrever um poema de amor real.
não sei se sou poeta ou uma grande mentirosa.
finjo que sinto até sentir,
finjo que sou até ser,
um amontoado de equívocos que tenho a
determinação de fazer todos acreditarem.
eu acredito no amor,
digo acredito porque nunca vivi para saber,
mas conheço pessoas que dizem que amam
e me satisfaço em saber da sua existência.
nunca amei,
mas sempre quis.

modernidade líquida,
de amores gasosos.
onde os átomos não são interligados
os suficientes
para formarem algo além de brisa do mar,
que chega assim que se vai,
e se escapa assim que se toca.
enquanto isso,
espero teu amor condensar
para lavar minha alma até se escorrer de mim.

eu gosto de escrever como se soubesse
tudo da vida,
como se por um milésimo no tempo
eu conseguisse entender o mundo,
por um minuto tudo para de girar
só para que eu consiga enxergar que eu sou.
eu gosto de escrever como se eu já tivesse
passado por tudo,
como se eu conhecesse todas as dores e
todos os risos
e por algumas horas fantasio como seria se
tivéssemos a capacidade de entender o que
de fato somos
e é nesse único e eterno momento
que eu sinto que o tempo para só para mim.

eu estou cansada de semideuses,
me diga um pecado, um erro, uma mentira,
me diga que foi condenado pelos olhares que se dizem justos,
grite pelo desespero de ter fracassado em algo,
esperneie pela falta de compaixão que teve,
me faça me sentir em um mundo de humanos,
que peca,
que se enrola nas etiquetas,
que não tem medo de ser ridículo
e mesmo assim suporta as angstias com uma taça de vinho barato.

pecado é acharem que o mundo acontece através de uma tela,

no mundo real as pessoas estão olhando demais para os próprios pés para olharem os sapatos dos outros.

pessoas entretidas demais nos próprios pensamentos para demorarem o
olhar em alguém.

perdemos de vista quem poderia mudar nossas vidas,

ganhamos a vista quando olhamos nos nossos próprios olhos.

que pensamentos são esses que te fogem à memória quando não consegue lembrar por onde passou?

que caminho pegou para que os seus pés estivessem próximos dos meus?

qual tela te aprisionou tanto para que não fosse capaz de viver?

e que peçam aos donos desse novo
mundo de ilusões,
que não está aberto a erros,
onde até Deus Chronos foi posto na esteira,
onde o sol foi substituído por um roteador,
e os planetas saem de sua órbita perdidos em um
caminho que não possui direção,
em um mundo onde são obrigados a lutarem pela
sua essência,
que desliguem as luzes e que a estrela morra,
para quem sabe assim se tornarem humanos.

eu vou falar sobre coisas proibidas,
é que tem muita coisa que é proibida.
a começar pelos sentimentos:
em resumo,
não os tenha,
a não ser que seja alegria,
mas é importante que não seja muita,
e muito menos de verdade,
sério, pelo seu bem,
sabe como é inveja, tem que se proteger.
chore nos momentos certos,
ninguém pode achar que você é fria
e aquela palavra está em alta
vulnerabilidade
eu até li na capa de um livro esses dias,
inclusive compre livros e fala que você lê,
ninguém gosta de pessoa burra.
fale sobre o amor e principalmente fale que ama,
eles vão retribuir, eu juro.
não fale sobre sua família, dinheiro, medos e
principalmente inseguranças.
não é algo tão comum.
se for fracassar nem tente,
se você errar está fora.
seja gentil porque transmite ingenuidade
e todos querem se sentir fortes o suficientes para
proteger alguém
mas pareça livre,

as pessoas gostam de mulheres que
pregam liberdade,
até porque a maioria da sociedade apoia
a democracia,
mas a governamental,
internamente baixam ditadura,
como um vício em se prender.
e seja honesta, ninguém gosta de mentiras.

este poema não é poetizado,
pois como poderia escrever para pessoas que não aguentam o seu próprio sentimento?
não poderia escrever sobre amor em uma sociedade que finge sentir,
assustados com a verdade,
amedrontados pela realidade,
apaixonados por utopias,
só se sentem amados quando estão sendo maltratados,
só se sentem úteis quando estão exaustos,
só se sentem vivos quando estão mortos.
(mas não vamos falar sobre isso)

a vida é curta na sua longevidade,
quando nascemos recebemos o tempo necessário
para viver tudo que temos a viver.
estamos onde deveríamos estar,
quando deveríamos.
mas não se confunda,
você tem a escolha em uma mão e o
tempo na outra.
não se distraia com as fantasias da vida,
essas sim são curtas.
não tema a realidade de quem és,
a vida só é curta quando você não tem coragem
para lidar com ela,
a vida só é curta para quem não se
reconhece no espelho,
a vida só é curta quando você a entrega a alguém.

Em resposta à minha mãe:
Eu fujo com você,
pois sei que independente de onde estiver,
eu te sinto aqui.

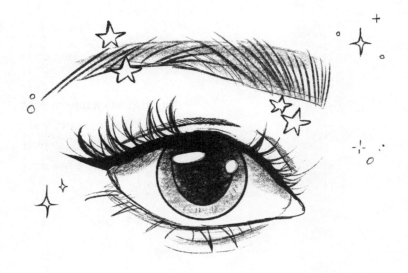

◎ bcarolynaa

◎ editoraletramento
🌐 editoraletramento.com.br
f editoraletramento
in company/grupoeditorialletramento
🐦 grupoletramento
✉ contato@editoraletramento.com.br
♪ editoraletramento

◎ changodigital

◎ casadodireito
🌐 editoracasadodireito.com.br
f casadodireitoed
✉ casadodireito@editoraletramento.com.br